CW01651373

HARDPRESS.NET

ISBN: 9781313328203

Published by:
HardPress Publishing
8345 NW 66TH ST #2561
MIAMI FL 33166-2626

Email: info@hardpress.net
Web: http://www.hardpress.net

Ex Libris

PROFESSOR J. S. WILL

BIBLIOTHÈQUE OUVRIÈRE SOCIALISTE

LES MOYENS PRATIQUES

DU SOCIALISME

PAR

Eugène FOURNIÈRE

Prix : 10 centimes

PARIS
BIBLIOTHÈQUE OUVRIÈRE SOCIALISTE
rue du Commandeur, 12

1900

DU MÊME AUTEUR

L'AME DE DEMAIN, un vol. in-18 à 3 fr. 50 (Lemerre, éditeur).

L'IDÉALISME SOCIAL, un vol. in-18 de la Bibliothèque générale des Sciences sociales, cartonné, à 6 fr. (Félix Alcan).

CHEZ NOS PETITS-FILS, un vol. in-18 à 3 fr. 50 (Fasquelle, éditeur).

EN PRÉPARATION

ESSAI SUR L'INDIVIDUALISME, un vol. in-18 de la Bibliothèque de Philosophie contemporaine à 2 fr. 50. (Félix Alcan).

BIBLIOTHÈQUE OUVRIÈRE SOCIALISTE

LES MOYENS PRATIQUES
DU SOCIALISME

PAR

Eugène FOURNIÈRE

Prix : 10 centimes

(Le Cent : 7 francs)

PARIS
BIBLIOTHÈQUE OUVRIÈRE SOCIALISTE
12, rue du Commandeur, 12

1900

HX
266
F62

LIBRARY
FEB 28 1962
UNIVERSITY OF TORONTO

785595

LES MOYENS PRATIQUES DU SOCIALISME

Le socialisme sort enfin de la période de critique pure et d'affirmation théorique. Assez longtemps il a observé les faits sans s'y mêler, du moins volontairement, car nous n'évitions pas le contact parfois meurtrier de leur aveugle brutalité. Trop longtemps il a tracé des plans sur le papier, qui supporte tout, les hypothèses les plus plausibles comme les divagations les plus aberrantes.

Aujourd'hui, c'est d'une autre tâche qu'il s'agit. La critique sociale a fait son temps et son œuvre. Grâce à elle, tous les hommes de progrès sont acquis à la nécessité d'une transformation complète de nos rapports économiques.

De son côté, la doctrine générale du socialisme s'est formulée avec assez de précision pour donner une certitude scientifique de succès à ceux qui veulent réaliser les principes de liberté et d'égalité dans la solidarité, affirmés par la Révolution française.

Le terrain étant déblayé par la critique, et le but indiqué par la doctrine, il s'agit donc, pour les socialistes, de passer à l'action pratique. Chemin faisant, nous pourrons encore utiliser la critique contre les résistances égoïstes ou ignorantes, et nous devrons souvent affirmer le magnifique but final de nos efforts pour donner courage et force à ceux qui vont à l'avenir en se déchirant aux ronces du présent : mais nous sommes maintenant en route, et chacun de nos pas doit être une conquête ; chacune de nos conquêtes, tout en nous rapprochant du but final, doit donner à tous ses bienfaits immédiats.

Tant que nous critiquions, nous avions facilement raison de nos contradicteurs : le conservateur le plus borné n'oserait soutenir que l'ordre et la justice règnent dans la société. Tant que nous tracions les grandes lignes de la cité idéale, nous pouvions nous flatter d'avoir le dernier mot : — C'est très beau, nous disait-on ; ce serait encore plus beau si c'était réalisable.

Eh bien, il faut le dire franchement, car il y va du progrès, sinon de l'existence même du socialisme : le passage de la méthode critique et d'affirmation doctrinale, qui marqua la période de préparation, à la méthode pratique, qui marque la période d'action, s'opère avec une grande difficulté et une extrême lenteur.

Pourquoi nous est il si difficile de passer de la phase de la propagande à celle de la réalisation ? Parce qu'un trop grand nombre de nos amis hésitent à sortir du rêve pour entrer dans l'action. Conservateurs à leur manière, ils entendent demeurer en dehors de la vie sociale ; mystiques de la révolution à main armée, ils attendent le miracle qui leur donnera le pouvoir suprême et leur permettra de transformer la société tout d'une pièce, par la dictature du prolétariat, césarisme à quelques centaines de têtes sous le bonnet rouge où elles s'entredévoreraient fraternellement.

Il ne devrait plus subsister aujourd'hui un seul socialiste qui puisse supposer qu'une action révolutionnaire bien conduite suffise à retourner la société comme un gant et à nous faire tous passer de l'enfer capitaliste au paradis socialiste. Que sont, en effet, les révolutions ? Des crises finales d'évolution. L'histoire les impose parfois aux peuples, mais ils tenteraient vainement d'en ordonner d'avance le programme, et surtout de l'exécuter.

Le meilleur moyen de hâter la crise finale

n'est donc pas de grouper une minorité de combattants résolus à conquérir le pouvoir par la vertu classique des barricades, mais d'amener la masse des travailleurs à vouloir leur émancipation et à se mettre sérieusement en mesure de la réaliser.

Non, il ne suffit pas d'organiser des comités révolutionnaires, de les tenir prêts à sauter à la gorge du gouvernement bourgeois, pour qu'un beau matin la société se réveille en régime socialiste. Une conquête opérée ainsi par surprise, ne admettant même qu'elle fût possible, n'aurait pas de lendemain. La « dictature de classe » ne sauverait pas plus le socialisme des inévitables réactions bourgeoises dues à l'inertie des foules industrielles et agricoles, que la « Terreur » n'a sauvé la République démocratique de la réaction thermidorienne et, finalement, du césarisme napoléonien.

On ne porte pas un peuple inerte à bras tendus. A un moment donné, le bras se fatigue, et le peuple retombe. Le peuple ouvrier des villes et des campagnes ne recevra pas son émancipation toute faite des mains de quelques sauveurs socialistes : il aura le socialisme quand il le voudra, le méritera, le fera lui-même. C'est par lui-même que se fera son émancipation. Et il ne sera capable de cet effort que lorsqu'il se sentira capable de remplacer la bourgeoisie dans tous les organes politiques, économiques et sociaux dont elle a aujourd'hui la direction.

Cessons donc d'exercer les travailleurs d'avant-garde en vue d'une bataille décisive, cessons de guetter l'incident grave de la vie politique, morale ou industrielle de notre pays qui nous permettrait de nous emparer par surprise ou par force des pouvoirs publics. A ce jeu périlleux, trop longtemps joué dans le parti socialiste, nous avons recruté des combattants pour les bataillons démagogiques du césarisme et du cléricalisme. En attendant un combat dont l'occasion ne s'offrait pas, nous avons immobilisé dans une vaine veillée des armes quantité de citoyens énergiques, qui finissent par s'énerver ou par tourner contre leurs frères d'armes leur besoin d'activité, alors qu'il eût pu être employé si utilement à éveiller le sentiment de l'émancipation dans les masses ouvrières. Nous avons cristallisé des cerveaux dans les souvenirs jacobins, au lieu de leur donner l'essor vers les espérances de liberté individuelle et sociale que contient le socialisme.

Nous avons ainsi dérivé dans un immobilisme prétendu révolutionnaire, heureusement platonique, les intelligences et les activités qui se vouaient à l'œuvre socialiste Rendons nous compte des réalités. Ne soyons plus des révolutionnaires en paroles, mais en action.

Gardons-nous d'aller vers l'avenir en tenant nos regards attachés sur le passé. Le passé nous doit des leçons, et non des modèles. Surtout ne croyons pas qu'une transformation aussi profonde et aussi étendue puisse être obtenue uniquement par les moyens politiques proprement dits. La barricade et le bulletin de vote seraient, en vérité, de bien chétif outils pour une besogne aussi formidable : ils ont pu et pourront peut-être encore suffire pour transformer une monarchie en république ou substituer le régime démocratique au régime censitaire. Mais pour faire surgir le régime socialiste du régime capitaliste, pour donner aux principes de liberté et d'égalité qui constituent la république les sanctions réelles par lesquelles elle s'achèvera en socialisme, et cela non seulement en France, mais dans l'univers civilisé, il faut songer à un autre effort, moins simple et moins bref.

Si le socialisme consistait uniquement dans la transformation de la propriété individuelle en propriété sociale, il serait déjà bien audacieux, bien aventureux de demander cette transformation exclusivement aux moyens politiques ordinaires : insurrection ou scrutin.

Certes, la propriété sociale est notre but principal. Mais il ne suffit pas de la décréter pour que l'égalité et la liberté donnent à tous leurs fruits. Le décret sera vain si l'organisation ne s'ensuit pas, ou plutôt si elle n'est pas déjà là, toute prête à mettre en valeur le domaine économique et assurer la répartition équitable des produits du travail commun. D'autre part, la transformation économique entraine nécessairement la transformation de toutes les institutions sociales : famille, état, justice, etc., et par conséquent de toutes les manières d'être et de penser qui tiennent à ces institutions. Et des décrets suffiraient à changer tout cela, une dictature du prolétariat suffirait à nous donner d'autres mœurs, d'autres pensées !

Ah ! simplicité des solutions simples ! Quoi ! voilà une société qu'une civilisation de vingt siècles, ajoutés aux trente siècles de civilisation gréco latine, a mis au point de complexité où nous la voyons, et une révolution et ses décrets, une dictature et ses terreurs, suffiront pour la transformer ! Faut il donc, à des gens qui ont des yeux pour voir, apprendre ce qui se passe dans la vie, dans leur propre vie et dans celle de leurs proches ! Ne les emploient ils donc, ces yeux, que pour lire des livres qui deviennent des bibles ! Sont-ils donc incapables de s'en servir pour apercevoir la réalité qui les entoure ! Appellent-ils donc science le culte des mots et des formules, et le mépris des faits et des choses ! De la science, cela ! Ah ! non. De la scolastique, oui. et de la plus misérable.

Le vaste problème social, aux multiples données, fût-il limité à l'organisation du travail et à la distribution des produits, ne pourrait demander sa solution la plus simple aux seuls moyens politiques, révolutionnaires ou non. A plus forte raison, le renouvellement de la face même du monde ne peut leur être demandé.

En considérant l'organisation actuelle de la propriété, du travail, de la distribution des produits, on se rend immédiatement compte de la difficulté ou, pour mieux dire, de l'impossibilité d'établir le régime économique du socialisme sur un plan uniforme. Les gens qui sont habitués aux idées toutes faites vont certainement protester, au nom de l'unité dans la révolution et de tous les absolus qu'elle comporte. Qu'ils lisent d'abord ceci, et ils verront ensuite s'il y a toujours lieu de considérer la révolution sociale comme une chose très simple que des moyens non moins simples suffiront à opérer.

En somme, que voulons-nous, socialistes, tous tant que nous sommes ? Organiser la société de manière à y substituer la prévoyance au hasard, la justice à l'arbitraire, la liberté et l'égalité à l'oppression et à l'exploitation de l'homme par l'homme. Le but, le voilà. Tout le reste n'est que moyens.

Ainsi, ce n'est pas pour réaliser un rêve et pour donner une satisfaction à notre esprit que nous voulons socialiser les moyens de production, mais parce que nous voyons dans la socialisation seule les garanties de liberté individuelle en même temps que l'égalité économique sans lesquelles il n'est pas de justice sociale. Le formule n'est donc pas pour nous un but, mais un moyen. Nous ne voulons pas socialiser pour le plaisir, mais pour faire participer à la propriété ceux qui ne possèdent rien et n'ont pas même la possibilité de vendre leur force-travail à un prix qui assure leur subsistance.

Or, les moyens de production, de circulation et d'échange, s'ils sont tous sous le même régime général d'appropriation, ne sont pas tous sous le même régime de mise en valeur. La grande propriété industrielle possédée en commun par des actionnaires n'occupe encore que le tiers du domaine économique de notre pays. Les grands et petits patrons, et les artisans, qui détiennent les deux autres tiers ne disparaissent pas aussi vite qu'on pourrait le croire devant l'envahissement du capitalisme impersonnel. Il en est de même dans le système de circulation et d'échange. Pour l'agriculture, nous ne voyons pas que la féodalité capitaliste se hâte de l'absorber, comme nous en eumes un instant l'illusion ; les modes les plus divers d'exploitation y coexistent sans que l'un paraisse devoir éliminer les autres à un moment donné.

Nul socialiste, cependant, ne songe, par amour de l'évolution bien générale et bien symétrique de la propriété, à attendre que la forme actionnaire ait remplacé la forme individuelle pour décréter la forme sociale. Les salariés ne sont pas moins opprimés par le patron direct que par les actionnaires anonymes. Et si les moyens perfectionnés de production doivent un jour se substituer partout aux moyens usités encore dans la moyenne et petite industrie, il ne paraît pas du tout nécessaire que les avantages de cette transformation soient recueillis par la classe capitaliste avant de devenir la propriété de l'humanité tout entière.

Mais il tombe sous le sens que si les chemins de fer, les bateaux à vapeur, les mines, les grandes usines et les grands magasins, possédés par des collectivités d'actionnaires, peuvent être incorporés du jour au lendemain à la propriété sociale et mis en œuvre et en valeur au profit de tous, il n'en est pas de même du domaine industriel, commercial et agricole, non encore entré dans le système actionnaire.

Un décret du pouvoir exécutif pourrait toujours déposséder les patrons et les propriétaires. Mais il n'aurait pas la vertu miraculeuse de transformer l'outil en machine et l'ouvrier en chef de travail. On comprend donc tout de suite que si la socialisation par décret est possible partout où le patron s'est effacé devant une collectivité d'actionnaires, et où le chef de travail est devenu un salarié au même titre, sinon au même taux, que le dernier des hommes de peine, il faut tout autre chose qu'un décret pour socialiser les deux tiers de l'organisme économique de la France. Par conséquent, les moyens politiques ne sont pas, ne peuvent pas être les instruments uniques de la libération sociale des travailleurs.

Il faut donc qu'à l'action politique du prolétariat s'ajoute son action économique, sans que ces actions cessent de s'appuyer l'une sur l'autre et de se fortifier mutuellement. Il serait aussi absurde de demander exclusivement à l'organisation économique des travailleurs les moyens de leur émancipation que de compter sur les seuls moyens politiques. Il serait inutile de mener parallèlement l'action politique et l'action économique si les conquêtes de l'une ne devaient pas avoir pour objet de faciliter le développement de l'autre. Il serait dangereux de subordonner l'action économique à l'action politique, en la considérant simplement comme un moyen de rendre celle-ci plus populaire aux yeux des masses. S'il devait y avoir subordination, et cela n'est pas nécessaire, c'est aux moyens et aux buts économiques que devrait plutôt se subordonner l'action politique.

Le socialisme doit affirmer hautement son idéal de liberté et d'égalité, réalisé par la solidarité consciente de tous les êtres humains. Il doit également conformer tous ses actes à cet idéal afin qu'ils l'en rapprochent sans cesse. Cela, il le peut, tout en prenant véritablement le caractère scientifique auquel il prétend, c'est-à-dire en répondant à la complexité du régime social par la complexité même de ses moyens d'action. Seules les sociétés primitives sont simples. En se développant, la civilisation multiplie les rapports entre les hommes, et des hommes avec les choses.

La civilisation socialiste n'échappe pas à cette loi. Offrir pour la solution d'un aussi vaste problème des solutions simples et uniformes serait donc antiscientifique au premier chef. Négliger une seule des formes d'action sur nous-mêmes et sur les choses dans le sens de notre idéal, ce serait nous ôter l'espérance de jamais l'atteindre et nous condamner au rêve à perpétuité.

Aux moyens d'action politiques ajoutons donc ceux des collectivités librement formées pour poursuivre le but général du socialisme à travers et par les buts particuliers qu'elles proposent à l'activité de leurs membres. Ne croyons pas que le développement de l'action syndicale ouvrière puisse jamais retenir les travailleurs dans l'égoïsme corporatif et les détourner de l'œuvre commune d'émancipation.

Qu'on ne l'oublie pas, nous devons déjà à l'action des travailleurs syndiqués la législation ouvrière existante. Pourtant, un grand nombre de syndicats se tiennent encore en dehors du parti socialiste, les uns parce qu'ils ne se sont pas encore élevés au dessus des intérêts corporatifs immédiats, les autres parce que, tout en étant socialistes, ils ne croient pas que le socialisme doive être organisé en parti politique. Malgré cela, les uns et les autres agissent nécessairement dans le sens socialiste, et ils bénéficient également de l'action du parti socialiste dans le Parlement. Les syndicats où la pensée socialiste domine la pensée corporative en bénéficieront encore bien davantage lorsqu'ils se décideront à comprendre que la révolution sociale ne peut pas plus s'opérer par la seule force syndicale que par la seule force politique du prolétariat.

Puisque le socialisme ne peut pas prétendre transformer le régime social par l'emploi exclusif des moyens politiques, puisque la conquête révolutionnaire des moyens de production ne donnera pas magiquement aux producteurs la grâce d'état, il est de la plus éclatante évidence que les syndicats ouvriers ont le devoir de seconder les groupes politiques du socialisme dans la conquête économique.

Tout en poursuivant la socialisation des entreprises privées entrées dans l'indivision capitaliste, les groupes politiques arrachent à la bourgeoisie, une à une, des lois de liberté, d'assistance, d'hygiène publique qui, aux mains des syndicats, deviennent autant de moyens propres à soustraire le prolétariat aux conséquences extrêmes de l'exploitation capitaliste. Ces lois ne servent pas seulement à protéger le prolétariat, elles servent aussi à préparer son émancipation en l'habituant à faire ses affaires lui-même et en introduisant son contrôle dans la gestion des intérêts économiques de la nation.

Loin, donc, de s'opposer, l'action politique et l'action syndicale du socialisme s'entr'aident et se complètent, bien que leur domaine soit très distinct. Cette distinction des domaines respectifs a pu être une cause de séparation entre les deux forces agissantes du socialisme ; elle ne peut être, bien au contraire, une cause d'opposition.

Cette opposition, d'ailleurs plus apparente que réelle, aura complètement disparu le jour où tous les socialistes auront compris qu'il n'est pas plus possible de faire la révolution par les moyens politiques que par les moyens syndicaux, tandis qu'elle surgira tout naturellement de l'accord de ces deux forces.

Pour préparer les travailleurs à leur émancipation, les syndicats peuvent réaliser un progrès dont les conséquences extrêmes consistent précisément à faire que la classe ouvrière puisse, à un moment donné, se substituer au patronat, même dans les plus petits ateliers, sans que la production subisse le moindre ralentissement ni le moindre déchet. Il s'agit des conseils du travail, formés par les syndicats patronaux et ouvriers, récemment institués en France sur le plan de ceux qui fonctionnent en Belgique. C'est, en somme, dans l'absolutisme patronal qui a régné jusqu'à présent, un premier essai de régime constitutionnel.

C'est aussi un pas immense fait dans le sens

de l'élimination du patron" en tant que chef du travail. Cette institution, par sa nature même, ne peut que se développer dans ce sens. A l'origine, elle crée un statut nouveau. L'ouvrier, grâce à elle, n'est plus simplement la force-travail que le patron achète et de laquelle il sépare l'homme, qu'il ne veut pas connaître. En face du capital, qui est du travail mort, se dresse le travail vivant, incarné officiellement dans les représentants de ceux qui le fournissent et l'additionnent au travail mort pour augmenter de leur misère la richesse du capitaliste. Mais ce n'est pas tout : En régime constitutionnel le monarque ne gouverne pas. Par l'institution des conseils du travail, les ouvriers seront vite à même de traiter de puissance à puissance avec le patron, et finalement à se passer de lui tout au moins comme chef du travail.

Qu'on ne dise pas la chose impossible : elle existe déjà dans certaines imprimeries sous le nom de commandite. On voit combien ce système faciliterait l'élimination des patrons, qui peuvent, aujourd'hui, invoquer à juste titre les services qu'ils rendent, et ne le pourront plus quand, pour la direction du travail, les ouvriers se seront substitués à eux.

L'expérience semble avoir condamné le système des délégués d'ateliers tel qu'il avait été institué au Creusot par une sentence arbitrale. Mais cet échec est une preuve de plus que, laissé à ses propres forces, le syndicat ne suffit pas à avoir raison des tyrannies patronales. A présent que ces délégations ouvrières émanent du syndicat et qu'un décret leur assure l'existence légale, c'est-à-dire contraint les patrons à les reconnaître et à traiter avec elles, si les ouvriers savent y tenir la main, ces délégués aujourd'hui modestes protestataires contre les abus patronaux, demain contrôleurs de la gestion patronale, puis directeurs de la production, seront après-demain les gérants tout indiqués de l'atelier enfin mis en république par la transformation sociale qui s'apprête.

En ce moment, les syndicats repoussent encore un projet de loi qui leur accorde la personnalité civile et ses responsabiités. Ils ont ainsi, naguère, repoussé la loi à laquelle ils doivent leur existence légale. Pourtant si, demain, le Parlement s'avisait d'abroger cette loi, ils protesteraient avec ensemble. Il en sera de même, dans quelques années, de la loi qui leur offre la possibilité d'acquérir, car ils ne tarderont pas à en reconnaître les avantages.

Il est à remarquer que la protestation ne vient pas des syndicats où, s'enfermant dans la défense exclusive des intérêts corporatifs, on répudie formellement toute action politique et l'on nie tout but social d'ensemble aux efforts ouvriers. Non, c'est des syndicats où les socialistes sont en majorité que vient ce mouvement ; c'est dans les groupes professionnels où l'on ajoute l'adjectif « révolutionnaire » au substantif « socialiste » qu'on proteste avec le plus d'énergie.

Voici l'argument invoqué: — Donner la capacité civile aux syndicats, c'est les embourgeoiser en les poussant à constituer des coopératives, c'est les éloigner de la révolution sociale. Si le syndicat réussit à s'organiser en coopérative, il s'enferme dans le cercle étroit des intérêts matériels, il rompt toute solidarité avec le prolétariat en travail d'émancipation. S'il échoue et mange ses quatre sous, c'est la débandade, la dislocation, la mort du syndicat.

A cela, on peut répondre que le meilleur moyen d'empêcher les coopératives d'embourgeoiser les ouvriers, c'est de socialiser les coopératives, c'est-à-dire de les incorporer étroitement à l'action générale du socialisme. Tous les groupements socialistes sont fédérés nationalement. Que les Bourses du travail, qui sont le lien fédéral des syndicats, fédèrent entre elles toutes les corporations syndicales, et l'embourgeoisement ne sera pas à craindre.

Et, précisément, par la fédération des coopératives disparaît le risque d'échec, trop hâtivement prévu par les syndicats animés de ce qu'ils croient être l'esprit révolutionnaire et qui n'est que l'imitation — sentiment plutôt rétrograde — des méthodes et des tactiques d'une époque disparue. Au lieu d'attendre la révolution comme les juifs attendent le messie, il vaut mieux la faire soi-même. Et, si elle ne sort pas des entrailles mêmes des travailleurs organisés, l'histoire sociale enregistrera une défaite à la suite de celles de juin 1848 et de mai 1871.

Il n'est pas question, faut-il le répéter, d'opérer l'émancipation du prolétariat par l'unique moyen coopératif manié par les syndicats. Dans une société comme la nôtre, on ne saurait trop le redire, les moyens simples et uniformes, qui séduisent par leur simplicité et leur uniformité mêmes, sont dérisoires ou dangereux. Il faut donc se méfier comme de la peste de quiconque verrait dans la coopération la panacée sociale. Mais il faut avoir pareille méfiance de quiconque croit que la force suffit à tout.

Et puis, ce n'est pas tout de conquérir révolutionnairement le pouvoir et le capital. Il faut encore savoir s'en servir. Nous nommons bien des députés et des conseillers municipaux, et ceux-ci apprennent l'administration publique dans les corps élus. Mais est-ce suffisant? Est-ce avec des députés et des conseillers municipaux que nous prétendons faire face à l'énorme tâche d'administration sociale que le lendemain de la révolution nous imposera? Et, en admettant que, par impossible, ils pussent y suffire, ne tendons-nous pas ainsi à créer parmi nous une véritable aristocratie, l'aristocratie des mandataires!

Le but de la démocratie sociale, c'est que chaque citoyen soit son propre administrateur, son propre gouvernant. Donnons donc à tous les travailleurs les moyens d'exercer leur activité pratique, d'apprendre à se gouverner eux-mêmes. Quand il y aura du travail pour tous dans le vaste chantier où se construit pièce à pièce l'édifice social de l'avenir, on ne verra plus de bons ouvriers, enragés de leur inactivité forcée, s'aigrir à critiquer les camarades qui ont la chance de remplir une tâche — et d'y épuiser leurs forces. Le remède à nos querelles et à nos divisions est là. Les couvents où l'on attend le paradis individuel dans l'inaction sont des foyers d'intrigues et de guerre intestine. Prenons garde de nous emmurer dans nos chapelles socialistes et d'y attendre non moins vainement le paradis collectif. C'est de nos mains à tous qu'il sera fait. Les écoles d'administration pratique que sont les coopératives en seront les colonnes les plus solides si nous savons les pénétrer de la pensée socialiste.

Mais la coopérative ne doit-elle être pour les sacialistes qu'une école d'administration, une caisse pour alimenter la propagande, un magasin où s'approvisionner à bon compte de denrées non falsifiées ? Pour précieux que soient ces avantages, elle nous en réserve d'autres, et son action pour l'émancipation directe des travailleurs peut être immense. Si la socialisation par l'Etat des propriétés collectives capitalistes est l'unique moyen de libération des salariés qui y sont occupés, pourquoi la socialisation par les coopératives n'accomplirait-elle pas la même œuvre de libération en faveur des salariés du commerce, de l'industrie et de l'agriculture ? Pourquoi même cette libération ne s'étendrait-elle pas aux propriétaires du champ, de l'atelier et du magasin menacés par l'absorption capitaliste ?

Nul obstacle économique ne s'oppose au développement des coopératives de consommation. Leur nature même les soustrait à la loi capitaliste de la concurrence, et leur puissance est faite de l'accroissement de leurs adhérents. Leur champ n'a donc d'autre limite que le nombre de la population. On objectera que si les trente huit millions de Français étaient adhérents aux coopératives de consommation, ces coopératives fussent-elles fédérées, il n'y aurait que quelques centaines de mille de commerçants de moins, et que les salariés demeureraient toujours salariés, et les capitalistes toujours capitalistes. Mais on oublierait, en raisonnant ainsi, qu'il ne serait point nécessaire que les coopérateurs fussent aussi nombreux pour s'apercevoir qu'ils peuvent faire autre chose de leur force que de payer le beurre naturel deux sous de moins que la margarine.

Si seulement les huit cent mille citoyens socialistes que nous accuse la dernière statistique électorale s'organisaient pour la consommation, ne voit-on pas qu'avec leurs familles ils formeraient une masse de deux millions de consommateurs, au bas mot ? Cette énorme puissance de consommation ne suffirait-elle pas à l'écoulement des produits de la verrerie ouvrière d'Albi, de la coopérative des conserves alimentaires de Gueugnon, et ainsi de suite ?

Depuis un demi-siècle, il s'est formé en France quantité de coopératives de production. Combien ont survécu, au prix de sacrifices inouïs ? Fort peu. Et, parmi les survivantes, combien sont devenues des associations de petits patrons qui font travailler pour leur compte des ouvriers et ne les font pas même participer pour si peu que ce soit à leurs bénéfices !

Ceux qui ont cherché à émanciper les travailleurs en commençant par les coopératives de production ont mis la charrue avant les bœufs. Ils ont été dupés par le sophisme économique qui fait reposer le système social sur la production, alors qu'en réalité il repose sur la consommation. Le régime capitaliste est responsable de cette grossière erreur, et Marx nous en avertit suffisamment quand il nous dit et nous prouve que le capitaliste n'a pas pour but de satisfaire les besoins du consommateur, mais de réaliser du profit.

Certes, le capitaliste satisfait les besoins des consommateurs, c'est-à-dire de ceux auxquels il laisse, sous forme de salaire, les moyens de consommer. Mais cette fonction sociale, il ne l'accomplit qu'indirectement et comme une conséquence de son désir principal, unique, qui est de faire du profit. Ce désir le porte à fabriquer sans se soucier du consommateur et de son pouvoir de consommation. De là les crises qui éclatent si fréquemment, crises de surproduction qui créent la détresse au milieu de l'abondance, annoncées il y a près d'un siècle par le génie perspicace de Fourier.

M. Charles Gide part de là pour affirmer que,

si l'on veut mettre fin à ces crises et à tous les maux de la concurrence, il faut donner au consommateur le pas sur le producteur. Ce ne sera plus, alors, le producteur qui aura l'initiative économique et offrira sa marchandise au consommateur. Ce sera le consommateur qui, ayant besoin de telle denrée ou de tel objet manufacturé, le commandera au producteur, trop heureux d'avoir enfin un débouché régulier.

Sans partager les illusions de M. Gide, qui voit déjà en esprit les coopératives de consommation conquérir un à un tous les moyens de production, même agricoles, on est bien obligé de convenir que, pour quantité d'industries, surtout celles où le travail l'emporte comme valeur sur les capitaux et sur le matériel, les coopératives pourraient émanciper directement du salariat les ouvriers qui y sont occupés. Quantité d'autres industries pourraient être, totalement ou partiellement, conquises par les coopératives de consommation ou commanditées par elles. Elles seraient assurées de ne rien risquer, puisqu'elles constitueraient elles-mêmes le débouché de ces industries.

Nous avons parlé plus haut des propriétaires industriels et agricoles qui pourraient être affranchis des servitudes parfois douloureuses que leur impose leur propriété et des périls que lui fait courir la concentration capitaliste. Ils peuvent, grâce à la coopérative de consommation dont ils seront les fournisseurs, transformer volontairement leur propriété privée en propriété coopérative, renouveler leur matériel, grouper leurs parcelles de terre, accomplir d'eux-mêmes et sans perte l'évolution en propriété sociale de leur propriété individuelle qui leur échappe ou les étrangle.

On ne pourra prétendre que leur sort nous est indifférent. Nos programmes électoraux attestent le souci que nous avons de les défendre contre l'absorption capitaliste. Sinon, à quoi rimeraient les articles relatifs à l'impôt progressif sur le revenu, puisque les prolétaires n'ont pas de revenu ; au dégrèvement des petites successions, puisque les prolétaires n'ont pas d'héritage ; à la nationalisation de la Banque, puisque les prolétaires ne mettent pas d'effets en circulation ? Toutes ces mesures de défense de la petite propriété contre le capitalisme ne peuvent pas avoir été des moyens de piper le plus grand nombre d'électeurs possible. Un tel procédé serait indigne du socialisme, de son haut idéal. Elles ne seraient, d'autre part, contradictoires au plan de socialisation finale que si le socialisme prétendait ne recueillir son héritage que lorsque la concentration capitaliste l'aura mis au point. En face de la concentration capitaliste, il peut et doit opérer la concentration coopérative. Le moment venu, par l'Etat il réunira la première à la seconde, librement offerte par la coopération socialiste, et l'œuvre d'émancipation sera totale.

On voit quel immense domaine d'action est dévolu aux coopératives socialistes si elles veulent se développer dans le sens même de leur nature. On voit quelle aide puissante peut en recevoir la propagande socialiste, et comment l'action coopérative peut compléter l'action politique pour hâter l'avènement du monde nouveau.

A l'œuvre, camarades, répartissons-nous, selon nos aptitudes et nos goûts, dans les divers chantiers de la République sociale. Cessons d'attendre immobiles le miracle révolutionnaire. Faisons-le surgir, organique et normal comme un phénomène, de notre effort patient et continu.

Le rêve nous divisait, parce qu'il est l'incertain et l'hypothétique. L'action nous réunira parce qu'elle est le réel et le positif. Et si quelque réaction venait nous barrer la grande route où nous cheminions vers l'avenir d'égalité et de liberté, nous trouverions dans notre idéal lumineux la force d'emporter toutes les résistances.

Imprimerie Ouvrière d'Oyonnax (Ain).

BIBLIOTHÈQUE OUVRIÈRE SOCIALISTE

Principaux collaborateurs:

J. Allemane, J. Breton, Briand, A. Cipriani, P. Dramas, Anatole France, E. Ferri, E. Fournière, Jules Guesde, Jean Jaurès, Hubert Lagardelle, Dr Ch. Rappoport, G. Rouanet, G. Sorel, E. Vaillant, E. Vandervelde, René Viviani.

L'Administrateur-Secrétaire,
Dr Ch. RAPPOPORT.

Le Trésorier,
D KASIMIR.

Ont paru jusqu'ici :

LES CHANTS POPULAIRES, par J.-B. Clément
64 pages, prix : 10 cent.

LES MOYENS PRATIQUES DU SOCIALISME, par E. Fournière
32 pages. — 10 cent.

A PARAITRE PROCHAINEMENT

LES PRINCIPES SOCIALISTES, par Jean Jaurès

Pour les demandes et renseignements, s'adresser au citoyen Ch. RAPPOPORT, 12, rue du Commandeur, Paris.

Aux lecteurs socialistes !

Aux militants et aux groupes socialistes !

Pour opposer une active propagande socialiste et républicaine à celle des réactionnaires de toute sorte, soutenue par les millions de nos exploiteurs, nous avons constitué des abonnements de propagande. Tout lecteur ou groupe désirant apporter son concours à la propagande socialiste et républicaine, peut le faire en souscrivant :

10	brochures	pour	1 franc.
ou 100	—	—	7 francs.
ou 500	—	—	30 francs.
ou 1000	—	—	50 francs.

Sur demande, la Bibliothèque Ouvrière Socialiste *se charge de la distribution gratuite des brochures ainsi souscrites.*

S'adresser au citoyen Ch. Rappoport, administrateur, 12, rue du Commandeur, Paris.

BIBLIOTHÈQUE OUVRIÈRE SOCIALISTE

Principaux collaborateurs:

J. ALLEMANE, J. BRETON, BRIAND, A. CIPRIANI, P. DRAMAS, ANATOLE FRANCE, E. FERRI, E. FOURNIÈRE, JULES GUESDE, JEAN JAURÈS, HUBERT LAGARDELLE, FR. DE PRESSENSÉ, Dr CH. RAPPOPORT, G. ROUANET, G. SOREL, E. VAILLANT, E. VANDERVELDE, RENÉ VIVIANI.

L'Administrateur-Secrétaire, Dr Ch. RAPPOPORT.

Le Trésorier, Dr KASIMIR.

Ont paru jusqu'ici :

LES CHANTS POPULAIRES, par J.-B. Clément

64 pages, prix : 10 cent.

LES MOYENS PRATIQUES DU SOCIALISME, par E. Fournière

32 pages. — 10 cent.

A PARAITRE PROCHAINEMENT

LES PRINCIPES SOCIALISTES, par Jean Jaurès

Pour les demandes et renseignements, s'adresser au citoyen Ch. RAPPOPORT, 12, rue du Commandeur, Paris.

Imprimerie Ouvrière d'Oyonnax (Ain)

PLEASE DO NOT REMOVE
CARDS OR SLIPS FROM THIS POCKET

UNIVERSITY OF TORONTO LIBRARY

HX 266 F68

Fournière, Eugène
Les moyens pratiques du socialisme

ImTheStory.com

Personalized Classic Books in many genre's

Unique gift for kids, partners, friends, colleagues

Customize:

- **Character Names**
- **Upload your own front/back cover images (optional)**
- **Inscribe a personal message/dedication on the inside page (optional)**

Customize many titles Including

- Alice in Wonderland
- Romeo and Juliet
- The Wizard of Oz
- A Christmas Carol
- Dracula
- Dr. Jekyll & Mr. Hyde
- And more...

* 9 7 8 1 3 1 3 3 2 8 2 0 3 *

SD - #0032 - 111023 - C0 - 229/152/3 - PB - 9781313328203 - Gloss Lamination

CHRISTCHURCH
C OF E INFANTS
NEWARK

CW01651923

TAKE ONE

In the Air

Claire Llewellyn

SIMON & SCHUSTER

LONDON • SYDNEY • NEW YORK • TOKYO • SINGAPORE • TORONTO

Notes for parents and teachers

This book has a theme that threads its way through the subject of the book. It does not aim to deal with the topic comprehensively; rather it aims to provoke thought and discussion. Each page heading makes a simple statement about the illustration which is then amplified and questioned by the text. Material in this book is particularly relevant to the following sections of the National Curriculum for England and Wales:

English: AT1 levels 1–2, AT2 levels 1–3

Science: AT1 levels 1–2, AT2 levels 1–3, AT5 levels 1 and 3, AT9 levels 1 and 3

In Scotland the proposals of the Scottish Education Department apply.

TAKE ONE has been researched and compiled by Simon & Schuster Young Books. We are very grateful for the support and guidance provided by our advisory panel of professional educationalists in the course of the production.

Advisory panel:
Colin Pidgeon, Headteacher
Wheatfields Junior School, St Albans
Deirdre Walker, Deputy headteacher
Wheatfields Junior School, St Albans
Judith Clarke, Headteacher
Grove Infants School, Harpenden

British Library Cataloguing in Publication Data
Llewellyn, Claire
In the air.
1. Air
I. Title II. Series
551.51

ISBN 0–7500–0611–0

Series editor: Daphne Butler
Design: M&M Design Partnership
Photographs: ZEFA except page 25
Jean-Paul Ferrero/ARDEA LONDON
Line artwork: Raymond Turvey

First published in Great Britain in 1991
by Simon & Schuster Young Books

Simon & Schuster Young Books
Simon & Schuster Ltd
Wolsey House, Wolsey Road
Hemel Hempstead, Herts HP2 4SS

© 1991 Simon & Schuster Young Books

All rights reserved

Printed and bound in Great Britain by
BPCC Hazell Books, Paulton and Aylesbury

Contents

Fun in the air

Do you ever go on a swing?
Do you like going high?
Is it scary or fun?
Do you feel heavy or light?
How does the air feel on your face?

How do you think it feels to fly?

8

Wings are light but strong

The bones in the wings of bats and birds are hollow. This helps them to fly.

Have you ever seen a bat? What time of day did you see it? In what ways are its wings different from a bird's?

Birds are expert fliers

How do birds use their wings when they fly?

Some birds have long, large wings. Other birds have short, little wings.

Do they use their wings in the same way?

Hummingbird

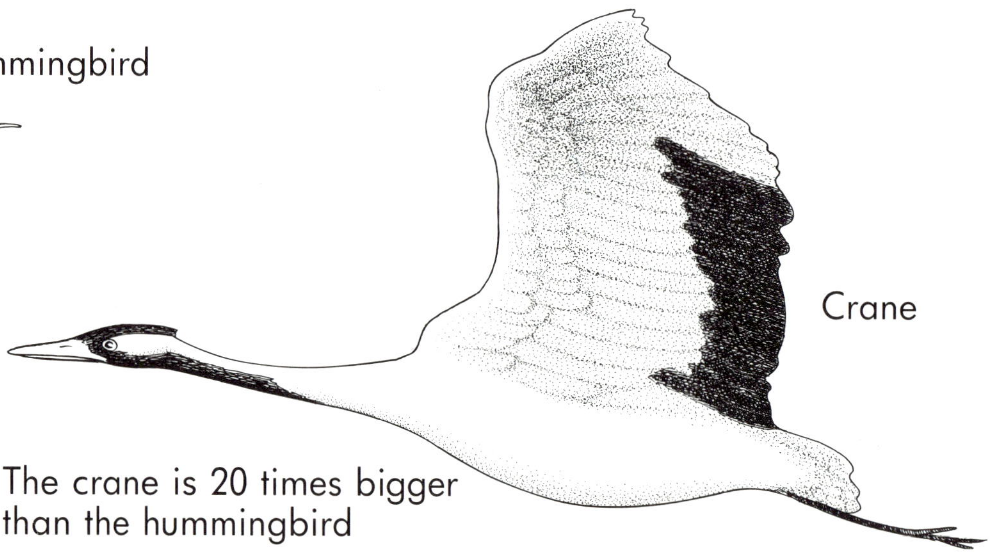

Crane

The crane is 20 times bigger than the hummingbird

Flying insects

Most insects can fly.
Do you know the names of any?

How many wings do these insects have?

Look at the ladybird. Two of its wings are hard. Can you think why?

Flying is useful and exciting

Many people fly regularly. Can you think of some reasons why?

People don't have wings so they have to build special flying machines.

Do you know the names of the machines in the pictures? How are they different from each other?

COAST GUARD
1490

D-2454

DOMINICANA

Falling through the air

Have you ever dropped something like an egg, a cup or a bottle of milk? Did you manage to catch it?

A parachute helps things to fall through the air slowly so that they can land safely. How does it work?

Can you think when a parachute might be useful?

Moving air

Wind is moving air. Can you tell which way the wind is blowing in the picture?

There are different strengths of wind. Hurricanes are the strongest. Can you name some others?

A little help from the wind

Look at the dandelion clock in the picture. What will happen when the wind blows? How does this help the dandelion? What other plants does the wind help?

The wind helps people, too. How?

Water in the air

There is water in air. The water is in such tiny drops that most of the time we cannot see it. It is invisible – like air itself.

Do you know where the water in the air comes from? Can you think of times when you are able to see it?

23

Air is important

Animals, insects and plants breathe in different ways, but they all need air to stay alive. Where do worms and fish find air to breathe?

Have you ever been short of air? When? How did it feel?

Air pollution

Look at the pictures. Every day we pollute the air in many different ways. Can you imagine the smells?

Do you know how we can stop some kinds of air pollution?

What do you think happens to the tiny insects and plants in places where the air is badly polluted?

NEW YORK

Fun on the ground

What is inside these balloons and bubbles? Where did it come from? How did it get there?

Can you think of any other ways that children and grown-ups use air to have fun?

Index

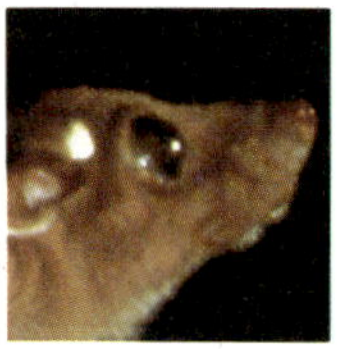